DISCOURS

POUR L'ŒUVRE DE LA CROIX DE PROVENCE

DISCOURS

POUR

L'OEUVRE DE LA CROIX DE PROVENCE

PRONONCÉ A ARLES

EN PRÉSENCE DE

MONSEIGNEUR L'ARCHEVEQUE

PAR

M. l'abbé CHERRIER,

Docteur en Théologie,
Aumônier de l'Ecole d'Arts et Métiers et de l'Ecole Normale d'Aix.

AIX

ACHILLE MAKAIRE, IMPRIMEUR DE L'ARCHEVÊCHÉ
2, rue Pont-Moreau, 2
—

A SA GRANDEUR

MONSEIGNEUR FORCADE

Archevêque d'Aix, Arles et Embrun

— ⸺ ◆ ⸺ —

MONSEIGNEUR,

Voici quelques pages qui demandent à être anoblies et fécondées par votre bénédiction.

J'en fais hommage à la Croix de Provence, dont l'achèvement sera bientôt un des précieux bienfaits de votre épiscopat.

Sœur de Rome par l'antiquité de ses origines et par la virginale fidélité de sa foi, l'église métropolitaine d'Aix et d'Arles, confiée à l'éminente sagacité de votre zèle et de votre talent administrateur, sera fière de mettre ses offrandes en vos mains, pour faire élever bien haut le signe de ses autels debout et de ses croyances respectées.

Si, par impossible, les hommes venaient à oublier l'Evangile, le mont Sainte-Victoire, marqué par vous à son effigie, suffirait à en redire le nom et la substance : *Quia si hi tacuerint, lapides clamabunt.* (Luc, xiv, 40).

Agréez, Monseigneur, les sentiments respectueux,
avec lesquels j'ai l'honneur d'être,
de Votre Grandeur,
le très-humble et très-obéissant serviteur,

CHERRIER,
Docteur en Théologie,
Aumônier de l'Ecole d'Arts et Metiers et de l'Ecole Normale.

DISCOURS

POUR L'ŒUVRE DE LA CROIX DE PROVENCE

Subjiciam vos sceptro meo et inducam vos in vinculis fœderis.
Je vous soumettrai à mon sceptre et vous unirai à moi par un traité d'alliance.
(Ezéch., xx, 37).

MONSEIGNEUR,

MES FRÈRES,

L'érection d'une croix est, en toute circonstance, une œuvre utile et chère à l'Eglise catholique. Pour les cœurs qui la décident, pour la contrée qui en est le théâtre, pour les peuples qui la secondent et la facilitent de leurs générosité, c'est un indice de foi qui rassure et une gloire qui honore.

A ce mérite général, l'idée dont j'ai l'honneur d'être le représentant auprès de vous, joint le mérite particulier d'être une idée de louable initiative et d'énergique persévérance. Rien n'est grand aux yeux de Dieu, vous le savez, comme les nobles intentions souvent déconcertées et toujours courageuses à la lutte.

La Providence a voulu que l'édification d'une Croix à la crête du mont Sainte-Victoire fut appelée par d'unanimes désirs et arrêtée par des obstacles sans cesse renaissants. Cependant elle n'a pu empêcher la piété provençale d'espérer contre toute espérance. Riches, pauvres, savants, prêtres, cités, villages, ne veulent désarmer que quand le crucifix monumental aura succédé à la froide nudité du majestueux sommet. L'appel que je viens faire à votre libéralité, prouve qu'à l'exemple d'un ancien patriarche, nous voulons être forts, non-seulement contre la nature, mais aussi contre Dieu lui-même.

Pour quel motif convient-il d'élever la Croix de Provence au mont Sainte-Victoire? C'est la seule question à laquelle je veux répondre pour ranimer la chaleur de vos convictions chrétiennes et provoquer la munificence de vos sympathies nationales.

MONSEIGNEUR,

L'Eglise d'Arles est vraiment digne d'être estimée comme la seconde perle de votre couronne. L'antique autorité de son trône pontifical, la forte structure de ses monuments religieux, brunis ou rongés par les âges, l'enthousiasme chrétien de sa population qui réssuscite à vos côtés l'ardeur expansive et la piété filiale des premiers croyants; disent ce qu'elle fut, pour le catholicisme d'Occident, sous les ailes déployées de Trophime, de Césaire et d'Honorat.

La Providence qui se plaît à résumer en Jésus-Christ les merveilles de la doctrine et de l'histoire, associe aujourd'hui, dans une œuvre dont votre présence est la consécration, les gloires impérissables de la Primatiale d'Arles et la respecteuse prééminence de la Métropole d'Aix.

Le calvaire construit par l'or et la foi du peuple sera, pour la région que vous dirigez avec tant de précision doctrinale et de vigueur apostolique, le mémorial des splendeurs passées et le gage des espérances réservées dans l'avenir.

Puisse la Croix devenir, pour les esprits désorientés, ce qu'elle fût toujours pour la loyale intrépidité du votre : le symbole, la défense, et la solution des grandes causes de la religion et de la patrie. — *Ave Maria.*

I.

Mes Frères, connaissez-vous le mont Sainte-Victoire? — Le mont Sainte-Victoire est une colonne gigantesque et abrupte, de trois mille pieds d'élévation, placée en vedette aux confins du territoire de la cité d'Aix. Son nom, d'origine païenne, gravé par l'épée de Marius sur le tombeau des Cimbres, comme une pompeuse épitaphe, est aujourd'hui celui d'une vierge chrétienne et martyre. Solidement assis sur sa base enveloppée de plis de montagnes et fixée par des pitons de granit : *mons coagulatus* [1]; relié au massif lointain des Alpes par un ensemble compliqué de contreforts et de chaînes secondaires; environné de vallons creusés comme les abîmes d'une mer en courroux et saisie par

[1] Ps., 77, 10.

la gelée au plus fort de la tourmente ; fier de porter à ses flancs, avec la maigre parure d'une végétation sauvage, les merveilles de la flore parfumée du midi, le géant dresse hardiment sa tête mutilée et profile, dans l'air pur, sa taille tourmentée mais grandiose.

Quand, aux premiers rayons du soleil d'avril, le touriste monte à l'assaut d'une pareille hauteur, et qu'il promène ses regards, d'un côté sur les pentes ravagées par l'avalanche et le torrent, de l'autre sur la plaine découpée en rectangles de forêts rabougries, de champs cultivés et d'amandiers en fleur, il s'assied recueilli et comme épouvanté. Malgré lui, il se sent plus près du ciel, il rend un hommage silencieux à l'invisible grandeur et à l'infatigable magnificence de l'infini qui l'écrase : *Benedicite montes et colles Domino* [1].

Il convient d'élever la Croix de Provence à cette sommité aiguë du mont Sainte-Victoire, pour consacrer deux principes : un principe de propriété et un principe de paix.

Un principe de propriété. — Jésus-Christ est le vrai et unique monarque du monde parce qu'il est Dieu. Son domaine imprescriptible sur toutes choses et principalement sur les familles de peuples que l'on appelle nations : *familiæ gentium*, est évident. « Dieu, dit S. Paul, a fait son Fils Jésus maître et propriétaire de tout : *in eo enim subjecit omnia*. Et, pour qu'il n'y ait aucun doute sur l'intégralité de ce

___
[1] Cant. Dan. iii.

droit de propriété, l'Apôtre ajoute : *Nihil dimisit ei non subjectum* [1] : Dans cet assujétissement universel à Jésus-Christ, rien n'a été excepté. Les nations spécialement lui ont été promises en héritage. Donc, l'orgueil royal ou populaire, patricien et plébeien, ministre ou sujet, deiste, fataliste ou athée a beau regarder ce droit du Fils de Dieu comme une tutelle humiliante et une domination usurpée, jamais il ne parviendra à secouer le joug de Jésus-Christ, maître et propriétaire de l'homme et du monde : *Tibi dabo gentes hereditatem tuam* [2].

D'ailleurs, le Fils de Dieu a pris possession de son glorieux apanage, d'une manière définitive et triomphale. La Croix a fait le tour du monde. Le rêve qui jamais n'avait passé par la tête d'aucun chef de peuple, le rêve qui entrevoyait la royauté la plus belle et la plus naturelle de toutes, la royauté des esprits et des cœurs, a été réalisé par celui qui, à la veille de mourir, dit à ses douze lieutenants : « Allez, soumettez l'univers à ma Croix. Faites reconnaître mon droit qui est le droit de Dieu : *Ite, docete omnes gentes* [3]. » Et depuis deux mille ans, des bords du Rhin aux rivages du Mississipi, la Croix se promène avec l'audace de l'indépendance et la gloire de l'universalité : *Ego si exaltatus fuero a terrá, omnia traham ad meipsum* [4]. Voilà le droit et le fait de la propriété de Jésus-Christ sur tous les peuples de la terre. Nier cela, c'est nier le soleil.

[1] Hæbr. II, 8.
[2] Psalm. II, 8.
[3] Math. XXVIII, 19.
[4] Joan. XII, 32.

Mais, dans ce vaste domaine, il y a des endroits privilégiés. Il y a des points où le Fils de Dieu a posé la branche du compas qui mesure l'étendue de ses conquêtes, et où il se plait à retrouver la douce et flatteuse majesté des souvenirs. Si toutes les nations sont, au dire du grand Apôtre, « membres du même corps et participantes des promesses de grandeur que Dieu leur a faites en Jésus-Christ, » il y a des pays plus positivement élus pour être le pied à terre du souverain. Dans le plan divin, il n'y a place ni pour le hasard politique, ni pour la fatalité mécanique. « C'est Dieu, dit le Saint Livre, qui fixe à toutes les races leur mission, leur durée, leurs frontières : *Definiens statuta temporum et terminos habitationis eorum* [1]. » Il les jugera, selon ce qu'elles auront fait pour le chef, sous le pouvoir duquel elles ont été établies : *in viro in quo statuit*. Et, ce chef c'est Jésus-Christ.

Ici, mes Frères, l'histoire parle pour nous plus haut que les principes. Les faits sont unanimes à montrer au front de la vieille Provence, la Croix, comme l'astre de sa prédestination catholique. Il n'y a pas en Europe une contrée où Jésus-Christ ait affirmé plus clairement son domaine et planté plus profondément son étendard. A la formation du monde chrétien, à l'heure où Dieu pétrit, de ses mains divines, les races occidentales qui doivent être les gardiennes du nouveau drapeau, la place que Jésus-Christ fait à vos pères, le rang qu'il leur assigne, vous mettent à la tête des peuples qu'il a plus positivement choisis comme siens. Ecoutez !

1 Act. xvii.

Nous voici à huit ans du Calvaire. L'empereur Claude publie un décret de bannissement contre les adorateurs du Galiléen crucifié. Quelques disciples, deux ou trois parentes des Apôtres, une famille de Béthanie, celle que Jésus a le plus aimée, montent sur un vieux navire. Celui qui commande à la mer et aux tempêtes vient s'asseoir au gouvernail. Conduits par l'invisible pilote, les exilés abordent aux plaines de la Provence. A l'instant, ils s'en font un fraternel partage : à toi les cités, à toi les campagnes, à toi les forêts, à toi les rochers, à toi les marais !

Trophime, l'un des soixante-douze disciples du Sauveur, ordonné évêque par Pierre, entre dans la cité arlésienne. Sa parole porte la vérité dans les chaumières, sur les places, dans les fêtes publiques, jusque dans le palais du préfet de l'Empire. Les prodiges qui l'accompagnent dans la vie et dans la mort, montrent en lui le fondateur et le chef d'une église dont les églises des Gaules seront tributaires, comme les fleuves sont tributaires de l'Océan, parce que l'Océan est le père des eaux.

Lazare le ressuscité donne à la colonie phocéenne les premiers efforts de son apostolat et le sang de son martyre.

Marthe évangélise les bords du Rhône et trouve son tombeau dans l'oratoire qu'elle a creusé de ses mains et chauffé de son amour.

Madeleine s'enfonce dans les solitudes sévères et inexplorées. C'est le creux d'un roc sauvage qu'elle choisit pour demeure et qu'elle étonne de ses macérations et de ses extases.

Apôtre dans une nouvelle Athènes, Maximin annonce le

Dieu inconnu à la population d'Aix où il meurt après quarante ans d'épiscopat.

Marie Salomé, Marie mère de Jacques, que l'Ecriture Sainte appelle le « frère » du Sauveur, parcourent les dunes de la Méditerranée et laissent leur nom à un modeste port de pêcherie, dont leurs dépouilles sont la fortune et la gloire.

Sidoine, l'aveugle-né guéri par la puissance du maître, succède à S. Maximin et continue ses conquêtes.

Sur tous les points de la contrée privilégiée, les institutions paiennes tombent et périssent. Les églises chrétiennes se lèvent et grandissent dans leurs débris, comme les jeunes chênes dans le détritus des feuilles mortes. D'inombrables légions de croyants se groupent. Les mœurs marseillaises dont on parle, au dire de Plaute, comme des mœurs de Sodome, perdent leur triste célébrité. Enfin, cette terre de sanctification est devenue si bien et si substantiellement chrétienne, que l'on peut dire de ses habitants qu'ils ne peuvent se séparer de Jésus-Christ sans s'exiler de leur pays : *Qui se à Christo separat*, dit S. Ambroise, *exul est patriæ* [1].

Or, la Croix étant ce que nous venons de dire, le signe authentique de la propriété de Jésus-Christ, le signe victorieux de la conquête et de la domination de Jésus-Christ, le signe impérissable de notre glorieuse prédestination par Jésus-Christ, le signe commémoratif des floraisons surnaturelles qui ont fait de la Provence le jardin béni de l'Eglise

[1] Cap. S. Luc, VIII, 214.

et de Jésus-Christ, le signe infaillible de la fécondité divine qui promet au principe catholique une postérité toujours croissante en dépit des haines accumulées contre Jésus-Christ, la Croix étant tout cela, n'est-il pas juste de lui faire un trône à la cime la plus élevée entre les cimes qui ont reçu sa puissante empreinte? Il faut que l'idée chrétienne taillée dans la pierre, coulée dans le métal, perce les nuages et porte jusqu'au firmament la réponse de notre gratitude patriotique. Ce sera l'expression visible et durable des sentiments d'un peuple à qui Jésus-Christ a dit les paroles qui avaient résonné sur sa tête, au mont Thabor : « Celui-ci est mon bien-aimé en qui j'ai mis mes complaisances : *Hic est filius meus in quo mihi complacui* [1]. »

Ah ! elle sera belle la Croix de Provence, sur cette pyramide droite, dans des roches roulées, gonflées festonnées, brisées comme les vagues écumantes et moutonnées de l'océan social. Elle sera belle sur ce piédestal dominant les aiguilles et les coupoles des montagnes, comme il domine les soucis et les bassesses du monde contemporain. Elle sera belle, quand, éclairée des feux de l'aurore et du couchant, elle se détachera comme la souveraine qui sourit et rayonne au milieu de son cortége.

Vous connaissez la cour d'honneur qui lui est préparée. Comptez les satellites qui lui font auréole.

Aix, voué à S. Maximin, avec ses campaniles percés à jour, sa magnifique Madeleine et sa cathédrale imposante que dix siècles ont signée.

---

[1] Math., III, 17.

Tarascon, voué à Ste Marthe, avec sa belle église paroissiale, ses reliquaires opulents et sa crypte ruisselante de richesses et d'embellissements.

Arles, voué à S. Trophime, portant dans sa main sa basilique rajeunie, ses tours, ses cloîtres, ses Aliscamps, ses arènes condamnées au silence.

Les Saintes-Maries de la mer, perdues dans les savanes, avec leurs reliques abritées sous un toit crénelé en forteresse et protégées par le Rhône qui leur fait une ceinture.

Marseille, voué à S. Lazare, avec ses sombres souterrains de S. Victor, sa Vierge de la Garde, et tous ses pieux sanctuaires, perdus dans un déluge humain et comme amarrés à une colline pliée et repliée en ruban.

S. Maximin, avec son église abbatiale, où l'exubérance des frontons grecs, mêlée aux arcs de l'ogive montante, atteste la vénération des âges pour la pécheresse dont le crâne porte encore la trace du doigt de l'Homme-Dieu.

La Sainte-Baume, avec son Saint-Pilon enfaîté d'un ermitage qui, en un jour, disent les historiens, vit cinq rois, et, en un siècle, huit papes.

Dites : ce vaste hémicycle de lieux saints, ces catacombes silencieuses, ces cercueils pleins d'espérance, ces ossements vénérés, ces oratoires debout au milieu de tant de décombres, tout cela ne fait-il pas un bel horizon et un riche encadrement? Ce sont les voix d'un concert harmonieux et lointain qui vont s'unir à la voix du mont Sainte-Victoire pour redire au ciel et à la terre : « En Provence, Jésus-Christ est chez lui; il y domine, il y commande, il y règne : *Christus vincit, Christus regnat, Christus imperat.* »

« A quoi bon proclamer, en ce moment, le droit de propriété et de séjour de Jésus-Christ sur le sol provençal? —
Dans les jours inquiets que nous traversons, est-ce opportun? »

Celui qui parle ainsi, mes Frères, vous le connaissez :
c'est l'ennemi de la Croix ; c'est le mauvais génie de notre
époque; c'est Satan qui cache sa griffe sous le velours de la
prudence et de la modération.

Pourquoi proclamer le droit de Jésus-Christ en Provence?
— Parce qu'il est hautement et cyniquement disputé. C'est
dans les régions méridionales que la haine du catholicisme
exerce le plus d'influence sur la tête inconstante et rebelle
de la multitude. En Provence, hélas! et grâce à la domination du port marseillais devenu le caravansérail des deux
mondes, l'impiété cosmopolite étale pompeusement son esprit d'enfer et ses grandes orgies d'athéisme et de libre-
pensée. Au milieu de nos populations impressionnables et
passionnées, Jésus-Christ et sa Croix sont jetés en holo-
causte aux théories les plus subversives. Franchement, il ne
peut vous sourire de voir le midi de la France, autrefois si
religieux, cloué au poteau du matérialisme et de la révolution, à la face de l'Europe entière.

Le projet de Satan est d'usurper l'empire de Jésus-Christ;
c'est connu. Il a juré, dans l'horreur de ses cavernes, d'in-
sulter et de frapper tout contradicteur qui n'acceptera pas
son programme et n'obéira pas à ses capitaines : *Juravit per
regnum et tronum suum quòd defenderet se de omnibus his qui
nuntios suos contradixerunt et remiserunt vacuos.* Il l'a juré et

il tient parole. Son despotisme prévaut aujourd'hui dans les humbles bourgades, aussi bien que dans les contrées les plus populeuses. Sous le coup de la peur ou de la fascination, des ouvriers, des pères de famille, des chefs d'industrie, des hommes éclairés, font leur soumission secrète ou publique au monstre ravageur, dans l'espoir d'être traités avec ménagement. Ce n'est plus le Dieu des ancêtres, le Dieu du calvaire, le Dieu de la civilisation qui est adoré par la majorité des hommes, c'est le tyran anonyme, impersonnel, famélique et vagabond, qui menace de la fosse aux lions quiconque reste devant lui debout et la tête haute : *Nunquid non constituisti ut omnis homo qui rogaret quemquam de diis et hominibus nisi te, Rex, mitteretur in lacum leonum?* [1]

La Croix de Sainte-Victoire est la protestation de la Provence catholique contre les lâchetés et les blasphèmes parasites.

« Pourquoi proclamer le droit de Jésus-Christ en Provence? » Parce qu'il est la garantie de tous les autres droits. Depuis que le génie destructeur de l'esprit chrétien promène parmi nous son niveau soi-disant égalitaire, tout s'ébranle devant son audacieuse autocratie. La religion, l'autorité paternelle, la propriété, la liberté, les franchises locales sont attaquées ou méconnues. Satan part de la négation de Dieu pour tout détruire, comme le catholicisme part de l'existence de Dieu pour tout sauver. Ne croyez pas qu'il tienne plus aux traditions nationales qu'aux traditions divines. Il a la

[1] Dan. vi, 12.

même haine pour l'histoire que pour la religion. Ce qu'il veut, c'est que tout principe, tout symbole traditionnel ou révélé, soient regardés comme séditieux, s'ils sont en désaccord avec ses idées. « Quoi! au XIX° siècle, en plein so-
« leil, sur une montagne, l'image du crucifié!... La Croix,
« dont les disciples refusent de nous recevoir comme des
« maîtres et de nous obéir en silence!... *Isti contempserunt*
« *nos et non exierunt obviam nobis ut susciperent nos cum*
« *pace!...*[1] Que l'on cède à nos intimations, ou c'est la
« guerre à mort! » Beaucoup se prennent à trembler devant l'orchestre de la peur. Satan déchaîne des passions dont les ardeurs et les impétuosités tiennent du mors au dent. Satan reçoit, dans le pays des prodiges, des ovations pompeuses et exerce une domination voisine des fables : *Stetit in synagogá eorum*[2].

La Croix de Sainte-Victoire est la protestation de la Provence indépendante et Chrétienne contre cet exécrable despotisme.

« Pourquoi? Est-ce opportun? » Oui, mes Frères, c'est très-opportun. Quel est le thème favori de tous les bavardages qui font accueillir aujourd'hui les novateurs les plus dangereux comme des dieux sortis des flots? La négation de Jésus-Christ. Que disent ces étranges héros du jour, qui visent à se faire improviser tribuns, pachas ou satrapes? Un seul mot : négation de Jésus-Christ. Là est le seul et unique sujet par lequel les parleurs à la mode mettent les têtes en

---

[1] Judith, v, 4.
[2] Ps. 81, 2.

effervescence et attirent les scandaleux applaudissements d'une multitude qui aime à voir flatter ses passions, et voudrait passer sa vie à introniser et à casser des idoles.

Est-ce que « les fils de l'iniquité », selon le mot de l'Ecriture, seront, à leur façon, plus intrépides et plus habiles que les fils de la vérité? S'ils montrent tant de dédain et d'acharnement contre la Croix, c'est une raison d'en faire ressortir davantage les profonds enseignements. La Croix, c'est le péché originel, c'est la nature humaine mal équilibrée, c'est la Rédemption, c'est l'Evangile; la Croix c'est la souffrance noblement supportée, c'est la porte fermée aux appétits de sang et de rapine; la Croix, c'est le palladium des vérités et des traditions de la famille et de la patrie.

Aussi, quand les erreurs les plus criminelles du seizième et du dix-huitième siècle, amalgamées avec les sottises les plus avancées de la Révolution, sont jetées en pâture à toutes les intelligences; quand les esprits affolés ne comprennent plus que c'est sur le terrain catholique que se gagnent ou se perdent les batailles décisives pour l'avenir; quand le peuple le plus spirituel de la terre en vient à soutenir, chaque matin, à coup de plume, des idées qu'il est obligé de combattre, le soir, à coup de canon; quand la France, à peine retirée du gouffre, applaudit encore aux extravagances et aux platitudes qui peuvent lui préparer d'autres naufrages; quand la Provence, la patrie adoptive de Jésus-Christ, se débat sous la coalition des doctrines les plus effrayantes, les plus promptes à passer de la tête aux bras, de la rêverie à la violence, c'est le moment de faire rayonner au ciel méridional l'étendard vainqueur qui apparut à Constantin : *In hoc signo vinces!*

C'est la Croix, folie et scandale pour les conquérants et les diplomates, qui sera de nouveau choisie de Dieu pour humilier la force brutale. C'est la Croix qui rendra à Jésus-Christ son droit de propriété et de séjour parmi nous. C'est la Croix qui rajeunira la foi provençale et l'affermira sur ses bases séculaires, comme ces pilastres de rochers, fouettés par les orages, mordus par le mistral, et qui tiennent, quand même, leurs têtes superbement éparses dans un pacifique azur : *Quæ stulta sunt mundi elegit Deus ut confundat fortia* [1].

II.

Il convient d'élever la Croix de Provence au mont Sainte-Victoire, pour consacrer un principe de paix.

Qu'est-ce que la paix? La paix, dit S. Augustin, c'est la tranquillité de l'ordre : *Pax, tranquillitas ordinis*. Puis il ajoute : L'ordre, c'est la disposition qui, selon la parité ou la diversité des choses, assigne à chacun sa place. La paix, dans la famille, c'est l'ordonnance de la sujétion filiale et du commandement paternel. La paix, dans l'État, c'est le concert de l'autorité des gouvernants et de la soumission des gouvernés. La paix entre l'homme et Dieu, c'est l'obéissance réglée et ordonnée dans la foi, sous la sanction de la loi éternelle : *Ordinata in fide sub æternâ lege obedientiâ* [2].

[1] Cor. i, 28.
[2] Civ. Dei, l. xiv, cap. 12.

Or, la paix sérieuse, solide et digne de son nom, la paix appuyée sur la justice : *Sit opus justitiæ pax* [1], la paix qui est l'œuvre de Dieu : *Ego Dominus faciens pacem* [2], la paix dans les esprits, dans les cœurs et dans les rues, est le premier bienfait de la Croix.

La Croix est la paix entre le ciel et nous. — C'est par le Crucifié, dit l'apôtre S. Paul, que nous avons accès auprès du trône de l'infini ; c'est à lui que nous devons le traité de paix qui nous lie à Dieu : *Pacem habemus apud Deum, per Dominum Jesum-Christum, per quem et habemus accessum* [3]. C'est le Crucifié, dit encore le grand Apôtre, qui est la paix du monde, parce qu'il est le rapprochement des choses divines et humaines, parce qu'il a renversé les murailles de séparations et d'inimitiés, parce qu'il a réuni dans sa personne les extrémités sociales les plus opposées pour les réconcilier : *Ut reconciliet ambos in uno corpore* [4]. La parole familière de Jésus dans la salutation à ses apôtres, est la parole de la paix : *Pax vobis !* [5] Je vous donne la paix, leur dit-il, non pas la paix factice comme celle que donne le monde : *Non quomodo mundus dat pacem ego do vobis* [6]. La paix véritable est celle qui est appuyée sur moi : *Ut in me pacem habeatis* [7].

1 Isaïe, XXXII, 17.
2 Isaïe, XLV, 7.
3 Rom., V, 2.
4 Eph. II, 14.
5 Luc, XXIV, 36.
6 Joan., XIV, 27.
7 Joan., XVI, 33.

Donc, la première puissance de réconciliation qui doit, parmi nous, convier les individus et les peuples à l'apaisement de la justice divine, c'est la Croix de Jésus-Christ,

Mais, prenons garde ! cette loi d'alliance entre le ciel et la terre, s'impose surtout à ceux envers qui le ciel se montre plus patient et plus généreux.

Nous n'avons pas à rechercher, en ce moment, si « la science » qui voudrait se faire adorer comme la déesse du monde moderne, a excité contre nous le courroux de la Providence, par des iniquités inconnues des autres siècles. Ce que nous savons, c'est qu'en fait d'hommage et d'expiation, il est beaucoup exigé de ceux-là même à qui Dieu a le plus donné. Et, à ce compte, vous êtes au premier rang des privilégiés.

La Provence est une région favorisée, ornée de toutes les richesses et de toutes les beautés. Par ses ruines gigantesques et pleines d'harmonie, elle attire, autant que la terre des Pharaons, les regards et l'admiration du monde. Par la diversité de ses produits, elle ressemble à ces champs où le Dieu des patriarches se plaisait à « verser ses plus abondantes bénédictions »[1]. Rocheuse et aride à son midi : *Terram australem et arentem dedisti mihi,* elle est dédommagée par des vallées plus fertiles et mieux arrosées : *Junge et irriguam*[2]. Elle a son désert de cailloux, baigné de vapeurs dorées, jalonné de baraques qui lui font garder, à juste titre, le surnom de « terre des pasteurs. » Elle a son Delta,

[1] Gen. xxvii, 27.
[2] Jos. xv, 18, 19.

formé d'alluvions grasses et plantureuses, dessiné par les deux bras d'un fleuve immense qui sert de grande route.

Vous avez parcouru, Monseigneur, cette terre féconde, malheureusement insalubre : *Considerate terram qualis sit;* vous avez suivi ces chemins bordés de tamaris et d'ormeaux; quelquefois sillonnés par de longues files de chevaux blancs galopant en liberté, ou paissant dans les joncs pêle-mêle avec les taureaux noirs. A la fumée de l'usine et du bateau à vapeur, qui noircit cet horizon sur lequel on ne voyait autrefois que l'aile rose du flamand, vous avez reconnu que la population est plutôt nombreuse que restreinte : *Si pauci numero vel plures* [1].

Au fond de ces plaines verdoyantes, sur le bord d'une pointe avancée, à cent mètres de la grande mer, quelquefois immobile comme un lac, quelquefois sauvage et bruissante avec le bouillonnement écumeux de ses lames, votre Grandeur a pu voir le village des « Saintes » avec ses petits jardins palissadés de cannes de marais et peuplés d'arbrisseaux rachitiques. Personne sur cette longue bande de sable : c'est tout au plus si, de loin en loin, on aperçoit quelque capote grise de douanier, quelques flotilles de pêcheurs qui oscillent et abordent sous leurs voiles orangées. A certains jours, les chants enthousiastes du pèlerinage se mêlent à la voix monotone de la nature. Les processions se déroulent en imprimant leurs pas sur le sable mouillé où craquent de petites coquilles. On peut prier là des heures entières, oublier les intérêts humains et méditer à l'aise sur le dialogue

[1] Num. xii, 15.

uniforme des deux grandes choses qui sont l'image de l'infini : le ciel et la mer.

Quel bon air de foi religieuse l'on respire sur ces grèves abritées par le culte de précieuses et puissantes reliques ! Comme on s'aperçoit que ces marins laborieux croient et pratiquent honnêtement les vérités que le catholicisme leur enseigne ! Cette vaste étendue des eaux a, pour eux, des sourires voilés aux autres hommes, et les notes qui s'échappent de son sein forment pour leurs oreilles des concerts que le vulgaire n'entend pas : c'est ce que le matelot provençal appelle « le charme de la mer ». Aussi, il y a encore dans ces parages, des chrétiens de fière mine et des familles de bonne croyance. Et puis, par dessus ce bien qui, disons-le, n'est pas sans alliage, il y a le soleil, ce grand enchanteur, qui, à force de lumières, fait oublier les hontes et les misères cachées.

Cependant, mes Frères, n'allons pas croire que ces magnificences religieuses, jointes à tant de magnificences matérielles, nous affranchissent de l'alliance avec Dieu par la Croix. Au contraire, la richesse des âmes doit être ici à la hauteur de la richesse du sol. La vertu de religion, nécessaire à tous parce qu'elle est la crainte de Dieu présent partout et le recours à sa miséricorde infinie, doit être, chez nous, une vertu naturelle.

Connaissez-vous le dernier mot de vos opérations par la pioche et la charrue ? Le voici : « Celui qui plante, dit S. Paul, n'est rien, ni celui qui arrose ; tout vient du maître qui, seul, peut donner l'accroissement [1]. » Mettez dans vos exploitations du soin, de l'intelligence, de la sueur et du sang. Si vous n'êtes en paix avec celui qui commande aux astres et aux saisons, vous n'avez rien fait. Malheur, dit Dieu, par la bouche d'un prophète, au peuple qui oublie que c'est moi qui lui donne le pain, le vin, l'huile, l'or et l'argent. Au jour marqué, je changerai de conduite : je reprendrai mon vin, mon froment et mon huile ; en particulier, j'enverrrai un germe de corruption dans ses vignes : *Et corrumpam vineam ejus.* On ne boira plus le vin en chantant : *Cum cantico non bibent vinum.* Ce breuvage deviendra poison pour ceux qui le goûteront : *Amara potio bibentibus illum* [2] ». Voilà la menace.

Maintenant, je vous le demande, est-ce qu'il y a une paix possible entre nous et Dieu, quand l'homme se plaît à proférer des blasphèmes qui font peur au Ciel ? Que veulent dire les rêveurs sans foi qui méconnaissent l'ordre providentiel et déclarent, avec des airs suspects d'impiété, que nous ne devons rien attendre que de notre activité et de notre génie ? Est-ce qu'à chaque pas nous ne sommes pas en lutte avec des forces qui nous dominent et tiennent notre sort entre leurs mains ? Est-ce qu'il n'y a pas des lois qui déjouent les efforts de la science et de la mécanique ? Que peuvent les ingénieurs et les chimistes, quand il plaît à Dieu de nous châtier en déchaînant les orages et la peste ?

Certes, un pays comme la Provence serait coupable s'il ne mettait à contribution les études et les expériences pour

---

[1] Cor. iii, 17.
[2] Osée, ii, 8-12.

prévenir d'effroyables désastres. Il faut élever des digues, creuser des canaux, saigner les rivières, abriter les populations contre les dévergondages du Rhône et de la Durance. Mais, en définitive, quel est le savant capable d'arrêter une gelée blanche et de mettre un frein à la fureur des ouragans? Les chaussées rompues, les quais crevés, les avalanches qui emportent les villages rappellent qu'à Dieu seul appartient le pouvoir de dire aux éléments en colère : Halte-là : *Usque hic venies et non procedes ampliùs , et hic confringes tumentes fluctus tuos* [1].

Les plumes habituées à la raillerie plutôt qu'au courage et au talent , peuvent se moquer du principe de paix qui relie la terre aux cieux par Jésus-Christ. Qu'est-ce que cela fait? La Croix n'en est pas moins le paratonnerre qui éloigne de nous les ruines, les calamités et les cadavres.

Quand le propriétaire et le laboureur regardent, avec une espérance mêlée de crainte, les prémices naissantes de leurs sillons , par quelle puissance l'Eglise demande - t - elle le juste tempérament de pluie et de chaleur , qui prépare la maturité? Par la Croix. Quand le ciel est d'airain , quand les grandes eaux menacent de pourrir ou de submerger les récoltes, quel signe est porté en tête des processions , pour conjurer les fléaux et les désolations qu'ils apportent ? La Croix. Qu'il s'élève un de ces souffles pestilentiels qu'Isaïe nous montre sortant de l'Afrique, des affreux déserts et des contrées sinistres : *Sicut turbines ab Africo , de deserto , de terrâ horribili*; qu'il surgisse un de ces tourbillons qui, en

[1] Job, xxxviii, 11.

deux heures, peuvent hacher les récoltes et laisser des milliers de familles sans pain et sans abri, à qui les gens de bon sens, les paysans chrétiens vont-ils demander l'éloignement du péril?... A moins d'être fou, l'homme, en présence d'une catastrophe, cède à l'instinct religieux. Il prie malgré lui : Mon Dieu ! Mon Dieu ! Quel malheur !... Il se rappelle la Croix de son baptême. Il vient s'agenouiller devant l'autel et il dit à Celui qui est le Dieu de la paix : *Kyrie eleison !* O Dieu ! pitié ! *Christe eleison !* O Christ ! pitié !!

Comprenez-vous maintenant la signification de la Croix du mont Sainte-Victoire? Son premier cri à toutes les brises qui viendront caresser sa tête imposante, sera le cri de la réconciliation entre le Ciel et la Provence : *Pax vobis !* Dormez tranquilles !

La Croix est la paix avec Dieu ; elle est la paix entre nous. — Deux choses, mes Frères, assurent le règne pacifique et régulier de la paix parmi les hommes : le silence des passions et l'harmonie des croyances. Ces deux choses sont exigées de Dieu comme conditions essentielles du repos chez un peuple. D'ailleurs, quand Jésus-Christ commande, les intérêts humains ne peuvent que gagner ; si la paix politique profite à la maison de Dieu, la prospérité sociale reçoit en échange les avantages temporels, dans les plus larges proportions : *Propter domum Domini Dei nostri, quæsivi bona tibi.*

A ce titre, la Croix de Provence est la paix entre nous, parce qu'elle est le silence imposé aux passions.

Pour l'homme des champs , elle est le doigt visible et permanent qui rappelle Dieu en montrant le Ciel. Pourquoi, malgré les séductions dont on les entoure , les populations agricoles sont - elles encore les plus honnêtes ? parce que l'idée chrétienne les tient constamment en face de Dieu qui leur apparaît à travers tous les phénomènes dont elles sont témoins. Pour elles, le soleil qui mûrit les fruits et dore les blés , les frimas qui tuent les insectes et les mollusques , le vent du nord qui sèche et assainit , qui brise ou arrache les arbres , toutes les forces bienfaisantes ou fatales vont augmenter leur éloquence , par l'éloquence de la Croix , et exercer l'apostolat pacifique et populaire de la vertu et de la morale. Le dogme de la Providence, symbolisé dans un épi ; le dogme de la Rédemption, symbolisé dans la Croix, pourront contrebalancer les influences perverses qui tentent d'enlever à l'agriculture méridionale la pudique simplicité de ses goûts et l'austère délicatesse de ses traditions domestiques. L'athéisme , impossible devant une olive , fruit si amer et qui donne la liqueur la plus douce , le sera bien plus devant la Croix qui est le remède efficace aux basses excitations de l'intempérance et du mensonge.

Pour l'homme de l'usine et du chantier, la Croix du mont Sainte - Victoire est la condamnation des ambitions et des jouissances chimériques. Mes Frères, il n'y a que Jésus-Christ qui soit capable d'arracher l'ouvrier aux utopies qui sont le fléau de notre temps. Ce qu'il faut aux trois quarts de l'humanité, condamnés au pain et à l'eau, sous tous les régimes politiques, c'est un enseignement religieux , simple , universel, précis, imagé. Et tel est celui de la Croix. L'homme livré en esclave aux formidables machines auxquelles il faut se fier comme on se fie aux bêtes fauves; l'homme menacé, du matin au soir, de tous les engins qui sont les inventions de son génie et les auxiliaires de sa force ; l'homme sortant le dimanche , respirant l'air pur à sa bastide , voit dans la Croix les leçons du Dieu travailleur et fils de roi, qui compte les gouttes de sueur, et promet, dans un monde meilleur , la compensation des injustices et des inégalités de celui-ci. Alors la vie n'est plus pour lui un cachot ; le travail n'est plus une chaîne de forçat. C'est l'épreuve de tous les candidats à la gloire infinie : *Spe gaudentes : ex tribulatione patientes* [1].

Ah ! si, à travers les vapeurs et les poussières où s'éclipsent aujourd'hui tant de nobles pensées , nous savions entrevoir et méditer le Crucifix , notre sagesse serait assurée et notre prospérité incomparable. Le passé , sur ce point , répond de l'avenir. Quelle richesse morale et matérielle en Provence, dans les beaux siècles de tempérance chrétienne! A l'école de Jésus-Christ tout est bientôt changé. La parole des envoyés de la Croix passe dans l'âme de vos ancêtres comme un feu qui les électrise. Le sang humain cesse de couler sur les autels empruntés aux barbaries du Nord. Les déesses impures du culte païen tombent à bas de leur piédestal. Les combats du cirque cessent de rougir le sable des arènes. C'est la végétation catholique qui jaillit tout à coup du sol en jets verdoyants et d'une fertilité merveilleuse. Les mains qui bâtissent des églises apprennent à défricher les

____

[1] Rom. XII, 12.

landes, à dessécher les marais, à élever d. s troupeaux. Les erreurs et les vices apportés dans les plis du drapeau romain, font place au travail chrétien, d'où naissent les charmes de l'innocence et les splendeurs de la santé. « Les » animaux nuisibles ou vénimeux, dit le savant abbé Faillon, disparaissent à l'arrivée de Madeleine, et c'est pour » toujours. »

Après dix-huit siècles de catholicisme, la Provence apparaît dans tout l'éclat de ses progrès scientifiques et religieux. L'Evangile a donné à vos proverbes populaires et à vos maximes provençales la poésie la plus chrétienne et la plus pittoresque. La nature a dépouillé sa sauvagerie primitive et a fait amitié avec vous. Pour vous plaire, elle s'est transformée en un jardin où le pin se marie au mûrier, le cyprès au figuier, la fleur d'or du genêt aux rameaux neigeux du pêcher. Vous êtes fiers de vos parterres discrètement cachés dans les ravins les plus décharnés, derrière les pierres calcinées par le temps ; fiers de vos oliviers dont le feuillage gris argenté donne une teinte si mélancolique à vos côteaux ; fiers de vos amandiers qui fleurissent dans les cailloux amassés par les torrents ; fiers de pouvoir monter pas à pas sur les rampes escarpées pour y étager des vignes émaillées de grappes opulentes; vous êtes fiers de tout cela, et c'est justice. Mais qui a vaincu les premiers obstacles ? Qui a opéré les premières transformations ? Qui ? C'est le Chrétien devenu sage et vivant en paix à l'abri de la Croix ; c'est le bon patriarche qui n'entrait dans les intrigues et les conspirations ni comme instrument ni comme complice ; c'est votre grand-père, qui n'avait d'autre passion que de garder sa foi, d'étendre son verger et d'arrondir le modeste domaine qu'il voulait vous laisser en héritage : *Ecce sic benedicetur homo qui timet Dominum.*

O Croix ! Sois pour nous une leçon de sagesse ! Rends-nous calmes d'esprit, dégagés des passions mauvaises, inaccessibles aux rêves fantastiques qui divisent le monde. Par toi, les sables et les broussailles feront place aux rosées de la vérité et de la grâce. Par toi, reviendra la paix qui permet à chacun de s'asseoir à l'ombre de sa vigne et de son figuier, pour y manger amoureusement les fruits récoltés de ses mains : *Unusquisque sub vite et sub ficu suâ* [1].

La Croix de Provence est la paix entre nous, parce qu'elle appelle l'harmonie dans les croyances.

Il n'y a de paix durable, mes Frères, que dans l'unité des convictions ; c'est Dieu qui l'a dit : *Sit pax et veritas in diebus meis* [2]. C'était aussi un principe indiscutable chez les Romains, que, pour fonder l'ordre dans la paix, il fallait harmoniser non-seulement les lois, les monuments, les magistratures et les armées ; mais encore les autels et les dieux. Regardez ce paysan devenu général, qui promène ses légions à travers la Gaule. Marius écrase un peuple de trois cent mille âmes dans les plaines de Provence. Il laisse deux cent mille cadavres se putrifier au soleil. Il prend pour tumulus la montagne au pied de laquelle il a campé et la dédie à la « Victoire ». Il donne à son champ de bataille le nom signi-

[1] II Reg. IV, 25.
[2] IV Reg. XX, 19.

ficatif de « Pourrières » : *Campi putridi*. Pour rappeler cette affreuse boucherie, il élève une colonne sur le chemin d'Aix à Saint-Maximin. Où veut-il aboutir? Il veut aboutir à fonder l'unité romaine qui, dans l'ordre providentiel, doit assurer au siècle d'Auguste la paix, premier signe et premier bienfait de la venue de Jésus-Christ : *Et erit iste pax* [1].

L'unité romaine, en effet, fut fondée à coup de sabre, de lance et d'éperons. Mais, sa mission une fois remplie, elle disparaît pour faire place à une autre unité constituée par la Croix, au-dessus de toutes les frontières respectées.

C'est encore la Provence qui est, en Europe, le point de départ de la fraternité dans l'obéissance à Jésus-Christ. Placée au midi de cette race franque qui s'est battue avec tout ce qu'il y eût de grand dans le vieux monde et que Caton désignait par ses deux grandes qualités : l'éloquence et la bravoure : *Res militaris et argutè loqui*; ouverte d'un côté par des plaines immenses ; arrêtée de l'autre par des lignes d'un ton bleuâtre, coupées de roches vives et nues ; reliée aux rivages de Rome par la main blanche de la Méditerranée, cette plage devient, par l'apostolat de S. Trophime, la tête de l'unité catholique en Occident. « C'est de cette source, « dit le pape Zozime, que les ruisseaux de la foi se répandirent pour arroser toutes les Gaules : *Ex cujus fonte* « *totœ Galliœ fidei rivulos acceperunt* ». « *Gallula Roma*, dit le poète Ausone en parlant d'Arles, c'est la petite Rome des Gaules ». Son église ceint le diadème primatial qu'elle a si dignement porté et qu'il serait si juste de lui rendre. Par

---

[1] Mich. v, 5.

ses conciles, elle est le phare et le point de ralliement des défenseurs de la foi. Tant il est vrai que les peuples du nord ne veulent croire et enseigner que ce que Lazare, Trophime et Maximin ont cru et enseigné.

Cette paix dans l'harmonie des croyances, la Croix de Provence la publie, en rappelant la vérité qui en est l'immortel principe. Aujourd'hui, nous sommes divisés sur tout. En Europe, en France, en Provence, il y a des ferments de discorde religieuse et politique ; il y a des préjugés aussi aveugles, aussi acharnés que ceux qui se dressaient devant l'apostolat des premiers siècles.

La doctrine et la morale représentées par la Croix peuvent, seules, rétablir le Code divin de l'unité dans l'amour. « Vous êtes les enfants du même Dieu ». « Vous êtes les fils de vos œuvres ». « Aimez-vous les uns les autres ». Voila notre *Credo*. Il est l'oubli des idées de fureur et de vengeance ; il est la concorde des forces, l'union des pensées, le manuel de la vraie liberté ! « Ah ! si tu savais, disait Jésus-Christ à son pays, ce qui peut te procurer la paix : *Si cognovisses et tu quæ sunt ad pacem tibi !* [1] » — C'est le cri plaintif de la Croix à la Provence.

La paix dans l'harmonie des croyances, la Croix de Provence la publie par le nom de celui dont elle est le trône et l'autel. Qu'est-ce qui rend, parmi nous, la tranquillité, sinon impossible, au moins peu solide ? C'est l'absence ou le mépris de Jésus-Christ qui en est la base : *Petra autem Christus* [2]. Croyez-vous que Dieu va accorder le plus beau de

---

[1] Math., xxiii, 27.

[2] Cor., x, 1

ses dons à ceux qui veulent en user contre lui? « Qui donc a résisté à Dieu et a pu vivre en paix? *Qui resistit Deo et pacem habuit?*[1] » Vraiment, c'est encore une des fantaisies de quelques lettrés modernes, d'appeler « la paix » ce qui n'est que la tranquillité du désordre et la satisfaction ininterrompue de toutes les ambitions. Tout en se disant Chrétiens, non seulement ils absolvent le paganisme, mais quand ils en parlent ils se lèchent les lèvres; quand ils en écrivent, ils ont pour lui des regrets et des soupirs qui font tourner les têtes et déchaînent les convoitises. — La Croix de Provence est la réponse de deux mille ans de civilisation chrétienne à quatre mille ans de hideuse barbarie.

La paix dans l'harmonie des croyances, la Croix de Provence la publie par la grandeur et la poésie des souvenirs.

Mes Frères, vous avez peut-être fait une fois l'ascension de la grande montagne. Vous avez respiré cet air vierge et balsamique qui ranime le sang, désenfume la tête et aiguillonne un insatiable appétit. Vous avez apprécié l'avantage matériel de l'excursion, mais l'avantage moral l'avez-vous compris? A quoi bon escalader des rocs, si l'esprit ne devient pas plus élevé et le cœur plus pur? Vous allez grimper pendant trois ou quatre heures, uniquement pour planer sur les nuages et manger avec une joie plus épanouie?... Vous admirez la nature! C'est bien. Mais la nature est un dieu qui fait peur; la nature ne dit rien à la conscience et ne fait pas l'unité dans la paix des croyances. Trouvez une Croix là-haut: quel changement! quel apostolat! quelle leçon d'histoire!...

____

[1] Job, ix, 4.

La Croix! c'est la Provence en paix, agenouillée non pas seulement devant le Dieu des précipices et du tonnerre, mais devant le Dieu de la miséricorde et de l'amour.

La Croix! c'est la Provence en paix, soutenue jadis par ses conciles, ses grands évêques, ses savants docteurs : S. Hilaire, S. Honorat, S. Césaire, décoré le premier du titre d'Archevêque, et donc Théodoric disait : « J'ai cru que c'était un ange qui me parlait. »

La Croix! c'est la Provence en paix, retrouvant dans l'évocation du passé, ses beaux jours illustrés par les Chrétiens de bonne race : les de Laval, les de la Garde, les de Grignan, les de Mailly, les de Forbin, les du Lau. Ceux-là étaient de l'ancienne marque. Tout était antique dans ces âmes d'élite : la valeur, le courage et la grâce choisie du cœur.

La Croix! c'est la Provence en Paix, condamnant au nom de Jésus-Christ, la sauvagerie scientifique, plus terrible que la sauvagerie ignorante. C'est la Provence, flétrissant, au nom de la fraternité catholique, l'égoïsme qui exploite à son profit la mine malheureusement inépuisable de la sottise humaine. C'est la Provence, jetant à tous les ennemis de Jésus-Christ cette formule de fer : « Vous ne voulez plus de la Croix, qu'avez-vous à mettre à sa place?...

Ah! si nous savons méditer cette leçon d'histoire locale et de théologie chrétienne, nous comprendrons l'opportunité du monument placé à la pointe du gigantesque obélisque. Nous admirerons la Croix et les mamelons qui l'entourent, comme on admire le sujet, le cadre, la bordure et le lointain d'un beau tableau. Nous aimerons le Calvaire aérien qui va ajouter quelque chose de divin à l'immensité des lignes, des ombres des saillies, des courbures, et nous dirons : C'est bien vrai, la Croix est ici sur un sol qui lui appartient. Elle y est comme l'asile et le rempart de la paix individuelle et sociale. Du haut de son temple de silence et de solitude, il faut qu'elle domine les tumultes suscités par les mécréants, comme elle domine les brouillards qui roulent à ses pieds, ou se suspendent à sa ceinture. Au ciel, elle est la gloire de Dieu : *Gloria in excelsis Deo;* sur la terre, elle est la paix aux hommes de bonne volonté : *In terrâ, pax hominibus bonæ voluntatis* [1].

Mes Frères, la conclusion de ce que je viens de dire est toute pratique. Je vais descendre de cette chaire et passer dans vos rangs. Quoi! que vous ayez pu faire pour d'autres œuvres, donnez une offrande digne de l'entreprise qui la sollicite. De bons et honnêtes ouvriers donnent leurs bras, de savants architectes donnent leurs études et leurs projets, donnez la petite pièce d'or ou d'argent qui aidera à mener le travail à bonne fin.

Il faut, dans la construction de la Croix du mont Sainte-Victoire une somme de forces humaines dont vous n'avez pas l'idée. Les pentes sont si rapides que le plus léger at-

[1] Luc. II, 14.

telage roulerait dans l'abîme. La seule machine qui puisse y être appliquée, c'est l'homme, et Dieu sait quelle vigueur musculaire il doit y déployer.

Un jour, en plein mois de juillet, sous un soleil tropical, je vis un groupe de Chrétiens occupés à porter les pierres, le ciment et la chaux pour bâtir le piédestal de la Croix. L'un d'eux laissait voir sur sa poitrine ruisselante de sueur une modeste médaille de la Ste Vierge. C'était touchant. Sans vous déranger, vous pouvez obtenir le même mérite, en donnant l'obole qui paie une journée de ce pénible labeur.

Monseigneur l'Archevêque veut bien appliquer à l'édification difficile de la Croix de Provence, sa main courageuse et sa profonde entente des choses positives. Son but, si les dons répondent à l'ampleur de ses intentions, est de donner au monument une structure, des proportions et un genre de beauté solide, assortis à son importance. Les plans étudiés promettent à l'exécution définitive, non plus le caractère simple d'une œuvre locale et secondaire, mais le caractère architectural qui convient à une création de l'art religieux, destinée à être la représentation vive des richesses d'une province et de la foi d'une église métropolitaine dont il s'agit d'attester l'histoire, les traditions et l'autorité.

Vous donnerez, mes Frères, pour affirmer la vérité qui nous est venue en ligne directe du Calvaire. Vous donnerez, pour accomplir cet apostolat que tout Chrétien doit, en ces jours, à ses frères et à son pays. Vous donnerez pour que cette terre provençale que l'on ne peut remuer sans secouer la cendre des saints, conserve inaltérable la doctrine que lui ont apportée tant de glorieux apôtres.

Par votre concours, nous verrrons renaître les traditions d'honneur religieux qui maintiennent l'accord des esprits et la douce fraternité des cœurs; nous verrons rayonner de haut et de loin le sceptre de Jésus-Christ, symbole de salut pour le présent et pour l'avenir : *Subjiciam vos sceptro meo et inducam vos in vinculis fœderis.* Vous m'avez compris, soyez généreux en conséquence !